CITOYENS EN HERBE

J'achète !

Sylvie Girardet
Illustrations de Puig Rosado

HATIER

Balais à vendre ???

Il était une fois...

Les sorcières à chapeau sont très inquiètes !
Tous leurs balais sont cassés
et elles ne peuvent plus voler !

Comment les sorcières vont-elles se procurer des balais ?

Balais électriques

Les sorcières à chapeau
parcourent la ville
à la recherche de balais.
Mais il n'y a plus
aucun balai à poils
dans les magasins,
seulement de drôles
de balais électriques.

La plus moderne
des sorcières
enjambe
un de ces engins
à moteur...

...mais elle s'écrase lamentablement.
Une chose est sûre, les aspirateurs
ne sont pas faits pour les sorcières !

Manche magique

Puisqu'il n'existe plus de balais à poils, une sorcière maligne décide d'en fabriquer.

Pour se procurer le manche du balai, elle doit aller sur l'île des ogres, par une nuit sans lune, couper une corne de jeune licorne.

La corne est coupée, la sorcière est ravie
et la licorne se trouve assez jolie
avec sa nouvelle coupe.

Poils rares

Les poils de balais de sorcières proviennent de la queue d'un très cruel python poilu. Pour s'en procurer, la sorcière maligne part courageusement à la chasse au python.

Pour lui couper
la queue,
elle n'hésite pas
à grimper tout
en haut d'un très,
très grand arbre
rose où habite
le cruel python.

Marchand de balais

La sorcière maligne fabrique des dizaines et des dizaines de balais de sorcière, garantis poils de python authentiques et corne de licorne véritable puis elle ouvre un magasin.

Les sorcières à chapeau
peuvent enfin recommencer à voler.

Petits et grands, parlons-en...

Avant d'arriver dans les magasins, les aliments et les objets ont déjà vécu une longue aventure : ils sont cultivés, élevés, cueillis, fabriqués, transportés...

Matières premières

Les aliments et les matières avec lesquelles on fait les produits proviennent parfois de très loin (presque aussi loin que l'île des ogres où va chasser la sorcière maligne). Tu manges des fraises qui viennent d'Espagne, des oranges d'Afrique du Nord et à Noël on trouve sur le marché des cerises qui sont cueillies de l'autre côté de la Terre. Regarde bien sur les étiquettes et sur les emballages d'où proviennent les produits que tu achètes.

Sous haute surveillance

On ne peut pas vendre n'importe quoi : les produits sont vérifiés avant d'être commercialisés pour s'assurer qu'ils ne présentent aucun danger. Cherche sur l'emballage de tes jouets s'il y a écrit CE, cela signifie qu'ils ont bien été contrôlés.

Pas touche !

Pour protéger l'environnement, certains produits sont interdits par des règlements internationaux. Par exemple, on ne trouve plus de rouge à lèvres fabriqué avec de la graisse de baleine depuis que ce bel animal est protégé. Et seules les sorcières ont le droit de couper les cornes de licorne de l'île des ogres !

À la main ou à la chaîne ?

Certains objets, comme les chaussures de sports à la mode, sont fabriqués par millions dans des usines du monde entier. Sais-tu où ont été fabriquées les chaussures que tu as aux pieds ? D'autres produits, comme les balais à poils de la sorcière maligne, sont fabriqués par des artisans, en petites quantités dans de petits ateliers. En vois-tu autour de toi ?

En bateau, en train ou en voiture ?

Avant d'arriver dans les magasins, les produits font souvent de longs voyages en bateau, en train, en camion et parfois même en avion. Les aliments frais ou congelés sont transportés dans des camions réfrigérés. En regardant sur les emballages, tu peux voir le pays de fabrication de ces produits et imaginer leur trajet !

La pie coquette

La pie coquette a soudain
une idée lumineuse pour pouvoir acheter
ces bottes qui la font tant rêver !

La pie travailleuse

Pour récupérer ses plumes, la pie travaille sans relâche. Elle reçoit alors 1 000 plumes en échange de son travail.

Une fois remplumée,
elle peut à nouveau aller faire des achats.

Plus qu'une plume

La pie court acheter les bottes dorées
dont elle a tant rêvé.

Elle donne 999 plumes
au marchand de bottes dorées...

...et rêve déjà à ce qu'elle pourrait s'acheter
avec la seule plume qui lui reste.

Petits et grands, parlons-en...

Les objets qui sont dans les magasins sont bien tentants ! Pour pouvoir les acheter, il faut de l'argent.

Tu veux, tu payes

La pie coquette a fait une grosse bêtise en prenant la couronne sans la payer. Cela est interdit par la loi.
Il faut bien compter son argent avant de s'acheter quelque chose pour être certain d'en avoir assez. S'il leur manque de l'argent pour acheter une voiture ou une maison par exemple, les adultes peuvent en emprunter à la banque et ils remboursent un petit peu chaque mois !

Au boulot !

Comme la pie coquette, les adultes gagnent leur argent en travaillant. Ceux qui n'ont pas de travail ont une vie difficile parce qu'ils n'ont pas beaucoup d'argent. Certaines personnes gagnent plus d'argent et sont plus riches que d'autres.

argent de poche

Tes parents te donnent peut-être de l'argent de poche et des récompenses quand tu travailles bien à l'école. Qu'est-ce que tu aimes t'acheter avec ?

plumes, euros, dollars

La monnaie du pays de la pie coquette est la plume. Chez nous, comme dans la plupart des pays d'Europe, nous faisons nos achats en euros et en centimes. Sais-tu comment s'appellent les monnaies utilisées aux États-Unis, en Chine, en Corée ou dans d'autres pays du monde ?

vous payez comment ?

La pie coquette achète ses bottes dorées avec des plumes. Tu fais sans doute tes achats avec des pièces et des billets mais dans notre pays, les parents paient les dépenses importantes avec un chèque ou une carte de crédit. Cette carte de crédit leur permet aussi de retirer de l'argent dans les distributeurs automatiques que tu peux voir à l'extérieur des banques. Leur argent est alors prélevé directement sur leur compte en banque.

Dans les pays riches, presque tout le monde a de l'argent à la banque. Même les enfants peuvent ouvrir un compte.

Madame écureuil n'a rien à se mettre ? ? ?

Il était une fois...

Une Madame écureuil très excitée.
Elle est invitée à un grand bal dans la clairière.

Quelle tenue va-t-elle acheter pour être la plus belle de la fête ?

De belles emplettes

Le bijoutier propose à Madame écureuil
un beau collier en noisettes véritables,
un tour de cou en boules de cyprès
et une superbe chaîne en glands d'Afghanistan.

La jupe en bananes naines est aussi jolie
que celle en feuilles de vigne !
Madame écureuil n'arrive pas à choisir. Finalement,
elle achète les trois colliers, les deux jupes,
vingt chemisiers et dix paires de chaussures.

Chargée comme une ânesse,
elle rampe jusqu'à son arbre
et y range
ses précieux
paquets.

Vert ou mauve ?

Comment se coiffer pour être la plus belle ?
Madame écureuil est indécise.

Elle colore sa queue en vert
mais préfère finalement le mauve.

Il ne lui manque plus qu'un chapeau.
Elle n'a presque plus d'argent
et doit donc se contenter d'un tout petit bibi
en noix de coco.

Que choisir ?

Il est temps
de s'habiller
pour la soirée.

Alors que
Madame écureuil
farfouille dans
son arbre pour
y retrouver
ses habits de fête,
l'arbre explose
et tout s'éparpille.

Que va-t-elle choisir entre ses trois colliers,
ses deux jupes, ses vingt chemisiers
et ses dix paires de chaussures ?

Trop c'est trop !

Madame écureuil arrive
à la fête toute peinturlurée,
bijoutée et décorée
comme un arbre de Noël.
Elle a enfilé tous ses vêtements
les uns sur les autres.
Le résultat n'est pas au goût
de tout le monde !

Petits et grands, parlons-en...

Nous aimons acheter plein de choses qui nous font envie. Mais attention à ne pas faire comme Madame écureuil qui dépense tout son argent inutilement !

Trop acheter = danger

Trop consommer est dangereux pour la planète et pour la santé. Beaucoup d'achats inutiles finissent à la poubelle et augmentent ainsi les déchets difficiles à éliminer. Gaspiller l'eau, l'électricité ou rouler inutilement dans des grosses voitures épuise les ressources de la Terre et pollue l'atmosphère. De nos jours, il y a davantage d'enfants obèses à cause des gâteaux, des bonbons et des gourmandises plus appétissants les uns que les autres dans les supermarchés.

Différents pays, différentes habitudes

Comme Madame écureuil, tu habites dans un pays riche où les habitants consomment beaucoup. En Afrique, les gens ne vivent pas comme chez nous. Les enfants ont moins de vêtements, de jeux électroniques et de jouets. Il y a peu de voitures dans les rues.

Les ordinateurs, les MP3 et les appareils électriques dans les cuisines se comptent sur les doigts de la main là-bas.

À toi de jouer !

On ne peut pas tout acheter comme le fait Madame écureuil et il faut apprendre à choisir. C'est parfois très difficile ! Tu as certainement déjà eu très envie d'un objet dont tu ne t'es finalement jamais servi. Donc, avant d'acheter quelque chose, attends quelques jours pour réfléchir et être certain d'en avoir vraiment envie. Ne jette pas les vêtements ou les jouets que tu ne veux plus, donne-les plutôt à des associations qui les redistribueront gratuitement à des gens qui en ont vraiment besoin. Achète « intelligent » : les cahiers sans marque sont moins chers et ceux en papier recyclé participent à la protection de la planète.

Pas si inutile !

Tous les jours, il y a des nouveautés qu'on aimerait acheter : des jeux, des MP3 de plus en plus petits, des téléphones portables plus légers... Parfois, les recherches faites pour nous inciter à acheter de nouveaux produits peuvent être vraiment utiles : un métal inventé récemment pour des vélos de luxe sera bientôt utilisé pour construire des avions plus légers et moins polluants.

Le lapin qui voulait des copains

Il était une fois...

Un petit lapin sans copains qui marchait seul dans les rues, l'âme en peine.

Comment va-t-il faire pour trouver des amis ?

L'habit ne fait pas le moine

Un jour, le petit lapin croise une bande de chiens féroces qui ont fière allure.

Comme eux, il s'achète un collier à pointes et rejoint la bande des durs de durs ! Le petit lapin est très fier avec ses nouveaux copains.

Une belle bagarre s'annonce :
la bande des matous casse-cous veut
en découdre avec celle des durs de durs.

Le petit lapin, terrifié, détale de toutes ses pattes.
Il ne suffit pas de porter un collier
à pointes pour être un lapin féroce.

Un lapin reste un lapin

Ces petits chiens tranquilles ont l'air bien sympathiques avec leurs jolis manteaux rouges.

Le petit lapin, tout de rouge vêtu,
se joint à eux, mais il comprend bien vite
qu'un lapin ne peut pas être un chien !

À chacun son style

Le petit lapin admire les magnifiques boucles d'oreilles de ses voisins.

À son tour, il va se faire percer l'oreille droite et se pavane fièrement devant eux.

Malheureusement un flamant rose accroche sans y prendre garde la grande oreille du petit lapin qui perd un peu de sa superbe !

Tout est bien qui finit bien

Le petit lapin se console
de ses mésaventures
en mangeant des carottes
quand il voit venir vers lui
des animaux étranges
aux grandes oreilles
qui ont visiblement très envie
de devenir ses amis...

Petits et grands, parlons-en...

Le petit lapin croit qu'en imitant les autres animaux il pourra devenir leur ami. Qu'en penses-tu ?

Habit ou ami ?

Comme le petit lapin, on a souvent envie d'être habillé et coiffé comme ses amis ou comme les personnes qu'on admire. Mais tout le monde est différent et ce qui va aux uns est parfois très laid sur les autres. Suis tes propres goûts sans copier tes amis. Tu lanceras peut-être la mode comme le petit lapin à la fin de l'histoire.

Gare à la pub !

Beaucoup de publicités s'adressent aux enfants parce qu'ils influencent les achats de leurs parents. Attention aux fausses promesses ! Tu as certainement déjà été déçu en recevant un jouet beaucoup plus petit ou moins joli qu'il ne l'était dans la publicité.

Démarque-toi

Aimes-tu les marques ? Certains enfants et adultes ne portent que cela car ils ont alors l'impression de se sentir plus beaux et plus forts. Mais sais-tu qu'un vêtement de marque coûte beaucoup plus cher que le même sans marque ? C'est toi qui payes la différence, qui sert ainsi à payer la publicité de la marque !

À toi de jouer

Te laisses-tu facilement influencer par tes amis ou par la publicité ? N'oublie pas que le but de la publicité est de faire vendre un maximum de choses. Pose-toi ces questions : as-tu vraiment besoin ou vraiment envie des produits que tu as vus dans la pub ? Est-ce que tu crois que tu t'aimeras davantage ou que les autres t'aimeront davantage avec ce nouvel achat ?

Pas à l'école

Certaines écoles interdisent aux élèves d'avoir des cahiers ou des trousses avec des marques. C'est parce qu'en France la publicité est interdite à l'école. Ce n'est pas le cas dans d'autres pays comme les États-Unis. Sais-tu qu'au Québec et en Suède les publicités qui s'adressent aux enfants de moins de douze ans sont interdites dans les journaux, sur Internet et à la télévision ? Qu'en penses-tu ?

Le pélican et les martiens

Il était une fois…

Un pélican-poissonnier qui vient d'apprendre une terrible nouvelle ! Des Martiens, tout droit venus de la planète Mars, s'apprêtent à construire un énorme supermarché à côté de chez lui.

La petite poissonnerie du pélican va-t-elle survivre à l'énorme magasin des Martiens ?

Il est beau mon poisson !

Le pélican avale ses soucis et part pêcher,
comme chaque matin.

En trois plongeons et deux claquements de bec,
il attrape de superbes poissons pour son magasin :

poissons-lunes, poissons-chats, poissons-scies…
et même un requin-marteau.

La poule accourt en caquetant et le chat en se léchant les moustaches. Pour rien au monde celui-ci ne raterait les meilleures arêtes du pays !

La chouette achète un poisson-lune qu'elle dégustera pendant la nuit. Le pélican, tout content, offre des sardinettes aux poussins.

Les Martiens arrivent !

En quelques heures, les Martiens fraîchement débarqués de l'espace construisent le plus grand supermarché de poissons du monde : l'Énormarché. À peine si l'on aperçoit encore la toute petite poissonnerie du pélican !

Poissons de l'espace

Les animaux se précipitent à l'Énormarché pour découvrir les poissons martiens livrés en express par soucoupe volante.

Ce qu'ils voient est insensé : des poissons panés, des poissons carrés, des poissons sans arêtes, des poissons croquettes... bref des poissons sans queue ni tête !

L'ours polaire se précipite
sur les surgelés bien glacés.

La chouette fait une provision
de poissons-lunes en boîte.

Le pauvre chien des rues jappe de plaisir.
Il a pu s'acheter un peu de poisson martien
pour trois fois rien.
Tout le monde est heureux… sauf le pélican.

Une fin heureuse

Seul et désespéré derrière son étal, le pélican voit soudain arriver la poule qui n'a trouvé personne avec qui caqueter à l'Énormarché,

le chat qui n'y a pas trouvé d'arêtes,
la chouette qui regrette son poisson-lune
et les poussins leurs sardinettes.
Même les Martiens, curieux de nature,
viennent goûter les poissons de notre planète.

Petits et grands, parlons-en...

On peut faire ses achats sur les marchés, dans des petites boutiques comme celle du pélican, dans de gigantesques hypermarchés comme celui des Martiens et même sur Internet. Où préfères-tu aller faire les courses avec tes parents ?

De vraies villes

Es-tu déjà allé dans des zones commerciales où sont rassemblées différentes grandes surfaces ? On peut y passer la journée entière à faire des achats, déjeuner, aller voir un film... Des jeux sont là pour occuper les enfants pendant que les parents font leurs courses.

Des géants

Quand tes grands-parents étaient petits, il n'y avait pas d'hypermarchés. Depuis cinquante ans, ces immenses magasins ont poussé comme de gros champignons dans les banlieues des villes. On y trouve beaucoup de produits différents, souvent moins chers que dans les petites boutiques, ce qui fait la joie du pauvre chien des rues et des familles nombreuses comme celle de la poule.

petit mais sympa

Près de cent mille petits magasins ont dû fermer leurs portes depuis l'apparition des hypermarchés. C'est pourtant bien agréable de pouvoir faire ses courses près de chez soi et de pouvoir discuter, comme le fait la poule, avec des commerçants charmants comme le pélican.

Tous les produits du monde

Les Martiens viennent de l'espace pour installer leur Énormarché. On trouve dans les petits et les grands magasins des produits du monde entier. Des associations comme Max Havelar vérifient que les produits qui viennent de loin sont fabriqués dans le respect des droits de l'homme, du travail des enfants et de la protection de la planète. Cela s'appelle le commerce équitable ou le commerce éthique. Regarde sur les étiquettes si tu vois ce nom.

souris acheteuse

Maintenant on peut tout acheter sur Internet : faire son marché, commander des livres, des disques, des vêtements et même des voyages pour le bout du monde. Mais seuls les adultes ont le droit d'acheter sur le Web.

Les petits mots de l'argent

C'est parfois bien difficile de comprendre les mots qu'on emploie pour parler de l'argent et du commerce. Voici quelques explications :

Banque

On confie son argent à la banque.
Avec un chéquier et une carte de crédit, on peut dépenser l'argent qu'on a déposé à la banque.
On peut aussi sortir son argent grâce aux distributeurs automatiques.

Crédit

Cela permet de payer des achats plus tard grâce à des prêts accordés par des magasins ou des banques.

Épargne

Il y a des comptes d'épargne dans les banques où on peut déposer ses économies.
Si tu veux faire des économies pour t'acheter quelque chose, tu peux garder ton argent de poche dans une tire-lire.

Impôts

L'argent qu'on paye aux impôts sert pour les hôpitaux, les routes, les écoles et tout ce qui est utile à l'ensemble des citoyens.

Puig Rosado est né un 1er avril en Espagne,
ce qui n'est pas le cas de Sylvie Girardet.
Elle raconte les histoires et il dessine.
À eux deux ils font des livres drôles et sérieux à la fois.
Puig Rosado dessine aussi pour les expositions
que Sylvie Girardet organise au Musée en Herbe à Paris,
un musée réservé aux enfants,
où l'on découvre l'art, les sciences et beaucoup
d'autres choses en jouant et en s'amusant.

Conception graphique : Joëlle Leblond

ISBN : 978-2-218-75295-7
Loi n°49.956 du 16 juillet 1949
sur les publications destinées à la jeunesse.

Imprimé en France par Clerc s.a.s.
- n° 86862
Dépôt légal : avril 2007

Liquide

On appelle ainsi les pièces et les billets qu'on peut voir et toucher contrairement aux chèques et aux cartes de crédit.

Producteur

C'est la personne ou l'entreprise qui fabrique ou qui fait fabriquer ce qu'on vend dans les magasins.

Revenu

C'est de l'argent qu'on reçoit, en général grâce à son travail (dans ce cas, on parle de « salaire » perçu à la fin de chaque mois).

Troc

C'est échanger un produit contre un autre sans utiliser d'argent.

Valeur

Un objet de valeur peut être un objet qui coûte très cher mais peut aussi ne pas être précieux et tout simplement cher à notre cœur.

Virement

C'est de l'argent qu'on verse à quelqu'un d'autre sans en voir la couleur !
Uniquement en donnant un ordre à sa banque par ordinateur.